Petit monde vivant

Les coléoptères

Molly Aloian et Bobbie Kalman

Traduction : Marie-Josée Brière

Les coléoptères est la traduction de *The Life Cycle of a Beetle* de Molly Aloian et Bobbie Kalman (ISBN 0-7787-0692-3)
© 2004, Crabtree Publishing Company, 612 Welland Ave., St.Catherines, Ontario, Canada L2M 5V6

Catalogage avant publication de Bibliothèque et Archives Canada

Aloian, Molly

Les coléoptères

(Petit monde vivant)
Traduction de : The life cycle of a beetle.
Pour les jeunes de 6 à 12 ans.

ISBN-13 978-2-89579-101-0
ISBN-10 2-89579-101-5

1. Coléoptères - Cycles biologiques - Ouvrages pour la jeunesse.   2. Coléoptères - Ouvrages pour la jeunesse.
I. Kalman, Bobbie, 1947- .   II. Titre.   III. Collection: Kalman, Bobbie, 1947- . Petit monde vivant.
QL576.2.A4614 2006   j595.76'156   C2006-940587-5

Nous reconnaissons l'aide financière du gouvernement
du Canada par l'entremise du Programme d'aide au
développement de l'industrie de l'édition (PADIÉ)
pour nos activités d'édition.

 Conseil des Arts   Canada Council
du Canada   for the Arts

Bayard Canada Livres Inc. remercie
le Conseil des Arts du Canada du soutien
accordé à son programme d'édition dans
le cadre du Programme des subventions globales aux éditeurs.
Cet ouvrage a été publié avec le soutien de la SODEC.
Gouvernement du Québec – Programme de crédit d'impôt
pour l'édition de livres – Gestion SODEC.

Dépôt légal – 3e trimestre 2006
Bibliothèque nationale du Québec
Bibliothèque nationale du Canada

Direction : Andrée-Anne Gratton
Traduction : Marie-Josée Brière
Graphisme : Mardigrafe
Révision : Johanne Champagne

© Bayard Canada Livres inc., 2006
4475, rue Frontenac
Montréal (Québec)
Canada H2H 2S2
Téléphone : (514) 844-2111 ou 1 866 844-2111
Télécopieur : (514) 278-3030
Courriel : edition@bayard-inc.com

Imprimé au Canada

Sur le site Internet :

www.petitmondevivant.ca

Fiches d'activités pédagogiques
en lien avec tous les albums
des collections Petit monde vivant
et Le raton laveur

Catalogue complet

Table des matières

Des coléoptères partout

Il y a des coléoptères sur la Terre depuis plus de 250 millions d'années. On en trouve dans toutes les régions du monde, sauf en Antarctique. Ils habitent dans les déserts, les forêts pluviales et les montagnes, sous la terre et même dans l'eau. Les scientifiques en connaissent au moins 350 000 espèces différentes, et ils en découvrent des milliers de nouvelles chaque année. Leurs couleurs, leur taille et leur forme varient selon les espèces. Certains coléoptères atteignent plus de 15 centimètres, alors que d'autres ne font que 3 millimètres de longueur.

dynaste

longicorne

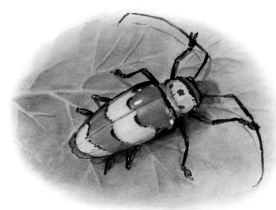

dytiques

méloïdé

bupreste

charançons

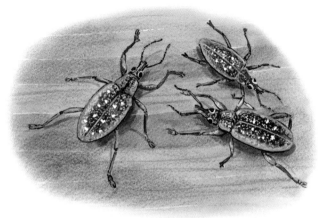

ténébrion

cicindèles

scarabées

*scarabée
en vol*

Qu'est-ce qu'un coléoptère ?

L'exosquelette brillant de la chrysomèle de l'apocyn peut paraître bleu, vert ou cuivré.

Les coléoptères sont des insectes. Ce sont de petits animaux à six pattes, dont le corps est divisé en trois parties. Comme tous les insectes, les coléoptères sont des arthropodes, un mot qui signifie « pieds articulés ». Tous les arthropodes ont des articulations flexibles. Ce sont des invertébrés, ce qui veut dire qu'ils n'ont pas de colonne vertébrale. Les arthropodes ont plutôt une carapace dure appelée « exosquelette ».

Un mot sur les insectes

Certains insectes ont des ailes, ce qui est le cas de la plupart des coléoptères. Les insectes ont aussi deux antennes. C'est avec ces organes sensoriels qu'ils touchent, sentent, goûtent et détectent les mouvements. Les antennes de certains coléoptères sont presque trois fois plus longues que leur corps !

Le corps des coléoptères

Les yeux, les antennes et les mandibules (les mâchoires) des coléoptères se trouvent sur leur tête. Leurs ailes et leurs pattes sont fixées à leur **thorax.** Les coléoptères se servent de leurs pattes pour marcher, courir et creuser, et parfois aussi pour nager, sauter ou se poser. L'**abdomen** des coléoptères renferme leurs **organes,** protégés par leur exosquelette dur.

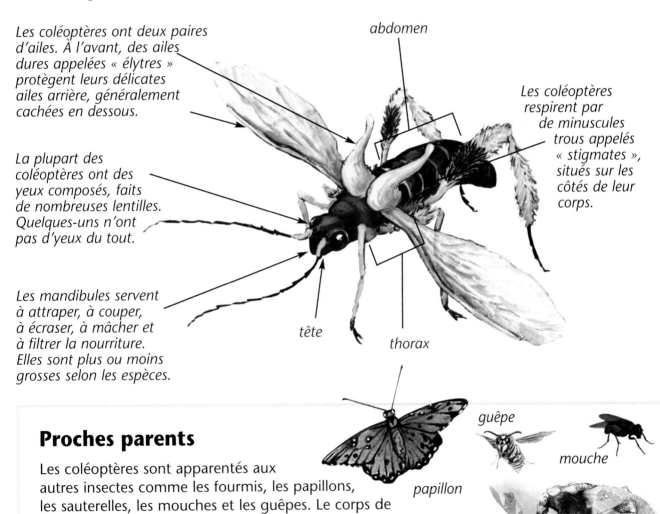

Les coléoptères ont deux paires d'ailes. À l'avant, des ailes dures appelées « élytres » protègent leurs délicates ailes arrière, généralement cachées en dessous.

La plupart des coléoptères ont des yeux composés, faits de nombreuses lentilles. Quelques-uns n'ont pas d'yeux du tout.

Les mandibules servent à attraper, à couper, à écraser, à mâcher et à filtrer la nourriture. Elles sont plus ou moins grosses selon les espèces.

abdomen

Les coléoptères respirent par de minuscules trous appelés « stigmates », situés sur les côtés de leur corps.

tête

thorax

Proches parents

Les coléoptères sont apparentés aux autres insectes comme les fourmis, les papillons, les sauterelles, les mouches et les guêpes. Le corps de tous les insectes comprend essentiellement les mêmes parties : la tête, l'abdomen et le thorax. Le thorax des coléoptères se divise cependant en deux sections, alors que celui des autres insectes n'en compte qu'une.

guêpe

mouche

papillon

sauterelle

fourmi

Qu'est-ce qu'un cycle de vie ?

Il existe environ 2 800 espèces différentes de lycidés.

Tous les animaux passent par une série d'étapes, ou de changements, qu'on appelle un « cycle de vie ». Après leur naissance ou leur éclosion, les animaux grandissent et se transforment jusqu'à ce qu'ils deviennent adultes. Ils peuvent alors se reproduire, c'est-à-dire faire des petits. Chaque fois qu'un bébé naît, un nouveau cycle de vie commence. Tous les coléoptères traversent ces différentes étapes au cours de leur cycle de vie. Certains le font plus vite que d'autres. Tout dépend de leur espérance de vie.

L'espérance de vie

L'espérance de vie est la durée moyenne de la vie d'un animal. Chez les coléoptères, elle varie selon les espèces. Certains meurent après un mois, alors que quelques autres, par exemple certains longicornes, peuvent vivre jusqu'à 30 ans. Ces coléoptères traversent donc les différentes étapes de leur cycle de vie beaucoup plus lentement que les autres.

Les ténébrions se déplacent lentement et sont incapables de voler.

Le cycle de vie du coléoptère

Chaque coléoptère commence sa vie dans un œuf. Quand il en sort, il est à l'état de larve. Aussitôt éclose, la larve se met à manger. À mesure qu'elle mange et grossit, elle mue : elle se débarrasse de sa vieille peau et s'en forme une nouvelle. Lorsque la larve a atteint sa taille définitive, elle se fabrique une enveloppe dure pour se protéger. C'est maintenant une pupe.

La pupe ne ressemble pas au coléoptère adulte. À ce stade, son corps passe par une série de changements appelés « métamorphose ». Dès que le corps de la pupe a fini de se transformer, son enveloppe s'ouvre et un adulte en sort. Quand la femelle est à maturité, elle peut pondre des œufs. Et un nouveau cycle de vie commence avec chaque œuf.

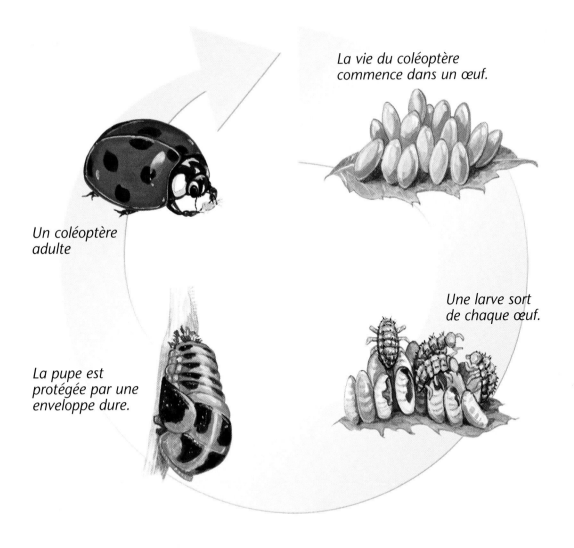

La vie du coléoptère commence dans un œuf.

Un coléoptère adulte

Une larve sort de chaque œuf.

La pupe est protégée par une enveloppe dure.

Le cycle commence

Les bousiers façonnent des excréments d'animaux en boules compactes. Les femelles pondent leurs œufs à l'intérieur de ces boules. Les larves commencent à se nourrir des excréments dès qu'elles éclosent.

Certains œufs, comme ceux de la coccinelle, sont recouverts d'une enveloppe collante. Ainsi, ils sont bien protégés et restent fixés à la surface – feuille, tige ou autre – sur laquelle ils ont été pondus.

Chez presque tous les coléoptères, les femelles sont ovipares, c'est-à-dire qu'elles pondent des œufs. Beaucoup d'entre elles commencent à pondre leurs œufs au printemps ou en été. Certaines en pondent des centaines en même temps, et d'autres quelques-uns seulement.

De tout petits œufs

Tous les œufs de coléoptères sont minuscules. Ils sont le plus souvent blancs ou jaune pâle, mous, lisses et ovales. Beaucoup d'espèces pondent leurs œufs en grappes.

Un endroit sûr

Avant de pondre ses œufs, la femelle cherche un endroit où ils seront en sécurité. Elle doit les cacher des prédateurs, les animaux qui s'en nourrissent. Elle doit aussi les déposer près d'une source d'alimentation pour que les larves qui sortiront des œufs aient assez à manger.

Un jaune très riche

Chaque œuf contient un bébé en
développement, appelé « embryon »,
et une grande quantité de **jaune**. C'est
dans ce jaune que l'embryon trouve
les éléments nutritifs, ou l'énergie
alimentaire, nécessaires à sa croissance.
L'embryon éclot quand l'œuf est devenu
trop petit pour lui.

Des œufs bien gardés

Certaines femelles coléoptères ne
pondent pas leurs œufs. Elles les
transportent plutôt à l'intérieur de
leur corps. Quand les œufs sont prêts,
ils éclosent, et les larves émergent
du corps de leur mère.

*Certaines femelles pondent leurs œufs à
l'intérieur des plantes : dans la tige ou dans
les plis des feuilles.*

En sécurité

La plupart des coléoptères ne surveillent pas leurs
œufs. Mais ils les protègent par d'autres moyens.
Les bousiers et les nécrophores pondent leurs
œufs dans des trous pour les dissimuler et les
protéger des prédateurs. Les nécrophores
aquatiques, quant à eux, pondent souvent
leurs œufs dans des cocons soyeux qu'ils fixent
à des plantes aquatiques. Et le doryphore de la
pomme de terre (à droite) colle ses œufs sous les
feuilles pour les cacher des prédateurs.

On s'éclate !

Après une semaine environ, la plupart des larves sont prêtes à sortir de leur œuf. Tous les œufs d'une même grappe éclosent à peu près en même temps.

Pour sortir

Les larves brisent leur œuf en se servant de leurs puissantes mandibules. Certaines ont aussi des épines sur la tête ou l'abdomen, qui les aident dans cette tâche.

Toutes sortes de larves

La forme, la taille et la couleur des larves varient d'une espèce à l'autre. Certaines larves ont un corps arrondi, alors que d'autres sont plutôt longues et minces. Elles peuvent être blanches ou brun foncé, lisses ou poilues. Les larves n'ont généralement pas d'ailes ni d'élytres, mais la plupart ont des antennes, des mandibules et des pattes. Certaines courent vite, alors que d'autres se déplacent lentement.

Certains coléoptères restent à l'état de larves pendant plusieurs années. Mais beaucoup d'autres, comme cette larve de coccinelle, traversent ce stade en une dizaine de jours seulement.

Le menu des larves

Les larves commencent à manger dès qu'elles éclosent. En fait, elles passent presque tout leur temps à se nourrir ! Leur alimentation dépend du milieu où elles vivent. Pour les larves de scarabées, qui vivent dans le sol, elle se compose de racines, de sève et de bois pourri. Les larves de longicornes, qui vivent dans le bois, creusent des tunnels et mangent le bois à mesure qu'elles progressent. D'autres larves se nourrissent de **pucerons**, de brindilles, de feuilles, d'insectes ou d'autres animaux morts, et même d'excréments d'animaux.

Les larves des espèces mangeuses de bois se servent de leurs mandibules puissantes pour gruger des arbustes et des arbres morts ou affaiblis.

À l'étroit

À force de manger, les larves grossissent. Mais leur peau ne grandit pas en même temps que leur corps. Elle devient donc tellement serrée que les larves doivent muer, ou changer de peau. Après chaque mue, les larves grossissent encore et se fabriquent une peau plus grande. La période de croissance entre deux mues constitue ce qu'on appelle un « stade larvaire ». La plupart des larves muent trois fois, mais certaines le font jusqu'à 29 fois.

La plupart des larves de coccinelles mexicaines des haricots muent quatre fois. Entre les mues, elles mangent les feuilles et les fleurs des plants de haricots.

Le stade de pupe

Les pupes de coccinelles sont presque aussi grosses que les coccinelles adultes, mais elles ne leur ressemblent pas.

Lorsqu'elle a atteint sa taille définitive, la larve commence à se préparer pour l'étape suivante de son cycle de vie : le stade de pupe. Certaines larves entreprennent cette étape pendant l'été. Celles qui vivent dans les régions où le climat est froid attendent la fin de l'automne et restent dans cet état tout l'hiver.

Ça colle !

Certaines larves cherchent des feuilles, des tiges, des troncs d'arbres ou des branches pour se cacher lorsqu'elles deviendront des pupes. Quand elles ont trouvé l'endroit idéal, elles s'y collent.

Bien enveloppée

Une fois fixée solidement, la larve mue une dernière fois. Sa nouvelle peau durcit graduellement et finit par se couvrir d'une enveloppe rigide. La larve fabrique cette enveloppe avec des matériaux que son corps produit ou qu'elle trouve dans les environs.

À l'abri

Certaines larves ne se fixent pas à des feuilles ou à des tiges. Elles se fabriquent plutôt, avec de la terre ou des excréments d'animaux, des cocons bien protégés et bien dissimulés appelés « loges nymphales ». D'autres se creusent des terriers dans le sol ou se réfugient sous des pierres.

Les larves de nombreuses espèces de coléoptères aquatiques s'installent dans de petites cellules de boue bien scellées, où elles seront en sécurité. À l'intérieur de leur cocon, de leur terrier ou de leur cellule, les pupes sont au chaud et à l'abri des prédateurs, et elles ont toute l'humidité voulue pour grandir et se transformer.

La plupart des larves de lucioles de Pennsylvanie passent au stade de pupes à l'automne et restent dans cet état jusqu'au printemps. Cette pupe a trouvé refuge dans un tas de pierres.

La métamorphose

Dans leur abri, les pupes se transforment lentement en adultes. Elles restent bien tranquilles et ne mangent pas pendant cette étape. Leur corps se métamorphose, c'est-à-dire qu'il change de forme.

Tout ce qu'il faut

Les ailes et les élytres du coléoptère se forment à cette étape. Si la pupe appartient à une espèce volante, elle développe aussi les muscles nécessaires pour voler. C'est également à ce moment-là que se forment les organes dont elle aura besoin pour **s'accoupler** avec d'autres individus de son espèce, et que son exosquelette devient dur et résistant.

(En haut) La coccinelle asiatique qu'on voit au centre a terminé sa métamorphose. Elle possède maintenant un corps d'adulte. Les pupes qui l'entourent n'ont pas encore fini de se transformer.

Sortons d'ici !

Beaucoup de pupes effectuent leur métamorphose au printemps ou en été, quand il y a assez de soleil et de pluie. Leur enveloppe s'ouvre, et il en sort un adulte complètement formé.

Une liberté bien méritée

Certains coléoptères adultes se servent de leurs mâchoires puissantes pour découper leur enveloppe et sortir de leur terrier ou de leur loge nymphale. D'autres utilisent de longues pièces buccales bien aiguisées pour s'extraire de leur cocon. Ces pièces buccales spéciales tombent peu après. La plupart des coléoptères adultes se mettent en quête de nourriture dès qu'ils sortent de leur enveloppe.

La plupart des charançons restent au stade de pupes pendant dix à seize jours. Pour quelques coléoptères, cette étape peut durer jusqu'à neuf mois.

L'âge adulte

Les coléoptères sont adultes quand ils ont fini leur croissance et qu'ils sont capables de faire des bébés. Beaucoup atteignent l'âge adulte quelques semaines après être sortis de leur œuf. D'autres prennent des mois ou des années.

Il y a des espèces de coléoptères qui passent plus de temps comme larves que comme adultes. Par exemple, certains cerfs-volants peuvent rester au stade larvaire pendant cinq ans, mais ils ne vivent que cinq mois environ à l'état d'adultes.

La cicindèle verte à six points est commune dans les jardins et les forêts. Elle est rapide au sol et agile en vol. Comme tous les cicindélidés, c'est aussi un redoutable chasseur.

Mâles et femelles

Il est souvent difficile de distinguer les mâles et les femelles coléoptères, mais il existe de légères différences entre les deux. Chez les carabes et les longicornes, les femelles sont souvent plus grosses que les mâles. Chez les cerfs-volants, ou lucanes, les mandibules des femelles sont plus petites que celles des mâles. Elles sont toutefois plus puissantes et plus tranchantes.

Il arrive que deux cerfs-volants mâles se battent pour s'accoupler avec une femelle.

La recherche d'un partenaire

La plupart des coléoptères adultes sont solitaires, c'est-à-dire qu'ils vivent seuls. Quand vient le temps de s'accoupler, les mâles et les femelles de la même espèce doivent donc se retrouver. La plupart des coléoptères s'accouplent au début du printemps, mais certains attendent à l'automne.

Des sons et des odeurs

Les coléoptères utilisent différents moyens pour attirer des partenaires. Ils peuvent par exemple faire du bruit en frottant ensemble certaines parties de leur corps ou en se frappant l'abdomen par terre. Beaucoup de femelles dégagent aussi des substances chimiques appelées « phéromones ». Avec leurs antennes, les mâles détectent ces phéromones qui les guident jusqu'aux femelles. Grâce à ces sons et à ces odeurs, les coléoptères peuvent trouver leurs partenaires, même à distance.

Avec ses longues antennes, le mâle coléoptère trouve sa partenaire en suivant l'odeur des phéromones qu'elle dégage.

Un appel lumineux

Certains coléoptères, comme les lucioles, les vers luisants et les taupins, émettent de la lumière pour se trouver des partenaires. On dit qu'ils sont « biolumi-nescents », c'est-à-dire qu'ils sont capables d'émettre de la lumière. Ils se servent d'organes spéciaux pour produire des éclairs lumineux ou une lueur constante. Chaque espèce de coléoptère bioluminescent émet sa propre séquence lumineuse.

Ces lucioles mâles émettent la séquence lumineuse propre à leur espèce et attendent que les femelles leur répondent.

La fertilisation des œufs

La femelle fabrique des œufs à l'intérieur de son corps. Le mâle et la femelle s'accouplent ensuite pour que le mâle puisse **fertiliser** les œufs avec un liquide appelé « **sperme** ». Ainsi, une larve pourra grandir à l'intérieur de chaque œuf fertilisé. Les femelles coléoptères s'accouplent généralement une seule fois. Elles emmagasinent assez de sperme pour fertiliser tous les œufs que produit leur corps. Les femelles de la plupart des espèces ont une spermathèque ; c'est un organe qui leur permet d'entreposer le sperme. Chaque œuf est fertilisé quand il traverse la spermathèque avant d'être expulsé du corps de la mère.

Sur le sol et dans l'eau

Les coléoptères adultes vivent dans de nombreux habitats différents. Un habitat, c'est l'endroit où un animal vit dans la nature. Les coléoptères choisissent uniquement des endroits où ils pourront trouver à manger.

Sur le sol

Beaucoup de coléoptères, par exemple les carabes, vivent dans l'herbe, sur le sol des forêts, parmi les pierres, sous les troncs d'arbres tombés, ou le long des berges des lacs, des rivières et des ruisseaux. Certains s'enfouissent même profondément dans la terre ou dans la boue.

La plupart des carabes se cachent sous des feuilles ou des brindilles pendant la journée et sortent la nuit pour se nourrir.

Sur les plantes et dans les arbres

Les longicornes, les chrysomèles et les scolytes comptent parmi les espèces qui vivent sur les feuilles et les tiges des plantes, ou encore dans les arbres. Les scolytes s'installent souvent dans des arbres affaiblis, malades ou récemment coupés. Ils vivent et mangent sous leur écorce.

La chrysomèle de l'apocyn se nourrit d'herbe à puce et d'asclépiades.

Dans l'eau

Certains coléoptères vivent dans les lacs, les rivières, les étangs et les ruisseaux. Pour pouvoir respirer, ils emprisonnent de l'air sous leurs élytres et l'apportent avec eux sous l'eau. Quand ils manquent d'air, ils retournent à la surface pour en refaire le plein. Certains coléoptères aquatiques ont les pattes arrière plates, comme des avirons, ce qui les aide à nager et à se diriger dans l'eau. Les dytiques nagent en agitant les pattes une à la fois, comme s'ils couraient dans l'eau.

Les gyrins, ou tourniquets, nagent ou glissent à la surface de l'eau en grands groupes. Ils mangent souvent des insectes qui tombent dans l'eau.

À table !

La plupart des coléoptères sont herbivores, c'est-à-dire qu'ils mangent des plantes, mais certains d'entre eux sont des prédateurs. Ils se nourrissent d'autres insectes, par exemple des mouches et des guêpes. D'autres sont des saprophages : leur alimentation se compose de plantes et d'animaux en décomposition.

Les cicindèles profitent de leur rapidité pour poursuivre leurs proies et les capturer avec leurs mandibules tranchantes. D'autres prédateurs se contentent d'attendre que les proies s'approchent suffisamment pour qu'ils puissent les attraper.

Des feuilles, du bois et plus !

Les herbivores mangent des feuilles, des fleurs, des graines, des racines, des tiges, de l'écorce et du bois. Certains se nourrissent aussi de pétales de fleurs, de **nectar** ou de **pollen**. En mangeant, ils répandent le pollen d'une fleur à l'autre, ce qui aide les plantes à produire de nouvelles graines.

À la chasse

Les prédateurs sont souvent des coureurs rapides et de bons grimpeurs. Ils sont donc bien adaptés pour poursuivre et attraper les proies dont ils se nourrissent. Les coléoptères prédateurs peuvent facilement prendre au piège des proies qui se déplacent lentement, par exemple des escargots et des limaces. Enfin, certains types de carabes sont omnivores : ils mangent à la fois des plantes et des animaux.

Les manières de manger

Les coléoptères prédateurs ne mangent pas tous leurs proies de la même façon. Beaucoup les découpent en minuscules morceaux, en utilisant leurs mandibules comme des ciseaux. D'autres les écrasent et en aspirent l'intérieur. D'autres encore fabriquent des jus spéciaux qui **dissolvent** les parties molles du corps de leurs proies. Une fois que ces parties sont transformées en liquide, ils peuvent les aspirer.

Ce coléoptère a capturé une mouche. Les coléoptères se nourrissent aussi de fourmis, de grillons et de chenilles.

Un bon ménage

Les bousiers et les nécrophores sont des saprophages. Certains bousiers ramassent des excréments et les roulent en boules avant de les manger. D'autres les mangent tels quels. Les nécrophores cherchent des animaux morts, comme des souris et des rats, et ils les enterrent. Ils mangent ensuite cette **charogne**. En se nourrissant d'excréments et de charogne, tous ces coléoptères aident à garder la nature propre.

Les moyens de défense

Plusieurs sortes d'animaux, par exemple des araignées, des oiseaux, des lézards, de petits **mammifères** et même d'autres insectes, mangent des coléoptères. Ceux-ci ont de nombreux moyens de se défendre contre ces prédateurs. Ils évitent notamment de se faire prendre en restant bien cachés. Leur petite taille leur facilite la tâche.

Ton sur ton

Beaucoup de coléoptères ont recours au **camouflage** pour se protéger. Certains ont des couleurs semblables à celles de l'écorce sur laquelle ils grimpent et dont ils se nourrissent. Les cassides vertes, par exemple, se confondent avec les feuilles vertes des arbres et des plantes à fleurs. D'autres coléoptères ont sur leur exosquelette des dessins et des textures qui leur donnent l'apparence de lézards ou de fientes d'oiseaux. Ils peuvent ainsi se dissimuler sur n'importe quel genre de feuille ou de branche.

Quand il y a un prédateur à proximité, la plupart des coléoptères, comme le taupin qu'on voit ci-dessus, restent immobiles ou se laissent tomber par terre comme s'ils étaient morts.

De bons imitateurs

Pour se défendre, certains coléoptères imitent des insectes qui piquent ou d'autres espèces de coléoptères qui ont mauvais goût. Ils peuvent ressembler par exemple à des lucioles, que les oiseaux et les autres prédateurs détestent. Quelques espèces de longicornes ressemblent pour leur part à des guêpes. Par crainte de se faire piquer, les prédateurs les laissent tranquilles.

Même s'il ne pique pas comme une guêpe, le longicorne échappe aux prédateurs parce qu'il lui ressemble et qu'il vole comme elle.

Des armes chimiques

Certains coléoptères ont dans le sang des substances chimiques dont ils se servent pour repousser les prédateurs. Le scarabée bombardier emmagasine différentes substances dans son corps, dans des cavités séparées. Quand ces substances chimiques sont combinées, elles se réchauffent et explosent en sortant de son corps. Ce jet de produits chimiques, dirigé vers le prédateur, le paralyse souvent assez longtemps pour que le scarabée puisse se sauver.

Les méloés ont dans le sang des substances chimiques toxiques. Quand ces substances sont expulsées, elles peuvent former des ampoules sur la peau des humains et des animaux.

Un monde de dangers

Même s'il y en a des centaines de milliers sur la Terre, les coléoptères sont en danger. Leurs pires ennemis, ce sont les humains, qui détruisent leur habitat partout dans le monde. Comme tous les animaux, les coléoptères meurent quand leur milieu naturel est pollué. La pollution des sols, de l'air et de l'eau endommage les endroits où ils vivent dans la nature. Les gens défrichent également des terres pour bâtir des villes, des fermes et des industries, ce qui détruit l'habitat de nombreux coléoptères. Quand les coléoptères n'ont plus d'endroits pour vivre, se nourrir et se reproduire, leur cycle de vie ne peut pas se poursuivre.

Le défrichage des forêts

Les forêts de la planète abritent des milliers d'espèces de coléoptères. Et nous ne les avons pas encore toutes découvertes ! Mais beaucoup d'entreprises forestières et agricoles abattent des arbres et brûlent des forêts à un rythme alarmant. Une fois une forêt défrichée, les arbres n'y repoussent pas. Les coléoptères qui vivaient dans les arbres ou sur le sol de ces forêts, ou encore sous les troncs d'arbres tombés, perdent leur habitat. Ils risquent de disparaître de la Terre.

Si les humains continuent de défricher les forêts, il pourrait arriver que les cerfs-volants – autant les larves que les adultes – n'aient plus assez de bois pourri pour se nourrir et s'abriter.

Les pesticides

Les **pesticides** nuisent à de nombreux insectes, y compris aux coléoptères. Quand les gens en vaporisent sur les plantes et les récoltes pour lutter contre les espèces nuisibles, comme les pucerons et les mouches, ils tuent aussi les coléoptères. Les coléoptères sont également menacés par la dérive de pesticides, ce qui se produit quand le vent transporte des pesticides vers des endroits où ils ne devaient pas être utilisés. Ces pesticides peuvent alors causer du tort aux coléoptères qui vivent dans ces endroits.

Pour aider les coléoptères

Souvent, les gens ne se préoccupent pas des coléoptères parce qu'il y en a énormément et qu'ils sont tout petits. Certaines personnes en ont même peur parce que ce sont de petites créatures qui se faufilent partout. Les coléoptères sont cependant importants pour l'environnement, et pour bien d'autres animaux. Beaucoup d'animaux, par exemple les oiseaux, les lézards et les crapauds, se nourrissent de coléoptères adultes ou de leurs larves. Et certains coléoptères, de leur côté, se nourrissent d'insectes comme les pucerons et les spongieuses qui nuisent aux cultures alimentaires et aux arbres plantés par les humains. Les coléoptères saprophages sont importants eux aussi parce qu'ils mangent des plantes et des cadavres d'animaux en décomposition. Ils aident ainsi à limiter la quantité de déchets et de charogne sur la Terre.

Des espèces menacées

Certaines espèces de coléoptères, par exemple le nécrophore américain et la cicindèle des plages du nord-est, sont menacées de disparition. Dans plusieurs pays, des gens ont formé des groupes qui cherchent à protéger les coléoptères en péril, ainsi que leurs habitats, pour que ces insectes puissent continuer à vivre sur la Terre.

Pour en savoir plus

Un des meilleurs moyens d'aider les coléoptères, c'est d'apprendre plus de choses sur eux et sur leur importance pour l'environnement. Voici quelques sites Internet à consulter pour en savoir plus long :

- www.cfl.scf.rncan.gc.ca/
  IMFEC-IDECF/insectes/classgen/
  coleopteres.html

- www.thecanadianencyclopedia.com/
  index.cfm?PgNm=TCE&Params=
  f1ARTf0000641

- res2.agr.ca/parc-crapac/pubs/bene/
  bebeetle_f.htm

Glossaire

accoupler (s') S'unir pour faire des bébés

abdomen Partie arrière du corps des coléoptères

camouflage Couleurs ou motifs qui aident un animal à se cacher dans son environnement naturel

charogne Chair en décomposition des animaux morts

climat Conditions météorologiques (température, pluie et vent, par exemple) normales dans une région

dissoudre (dissolvent) Transformer en liquide

fertiliser Ajouter du sperme à un œuf pour qu'un bébé puisse se former à l'intérieur

jaune Partie de l'œuf dont se nourrit l'embryon en croissance

mammifère Animal à sang chaud, doté d'une colonne vertébrale, et dont la peau est généralement recouverte de poils

nectar Liquide sucré qu'on trouve dans les fleurs

organe Partie du corps, par exemple le poumon, qui accomplit une tâche importante

pesticide Produit chimique qui sert à tuer les insectes

pollen Substance poudreuse qu'on trouve dans les fleurs et qui sert à leur reproduction

puceron Petit insecte qui se nourrit de la sève des plantes

sperme Liquide contenant les cellules reproductrices du mâle, qui s'unissent aux œufs de la femelle pour former des bébés

thorax Partie du corps des coléoptères à laquelle sont fixées les pattes et les ailes

Index